W0351190

8481 LLH
19,80

Eric Carles Märchenbuch

Sieben Grimmsche Märchen

neu erzählt und illustriert von Eric Carle

Von Anneliese u. Walter

Weihnachten 1983

2. Auflage Mai 1978

© 1976 Eric Carle
Deutsche Ausgabe
© 1976 Verlag Gerhard Stalling AG, Oldenburg und Hamburg

Published by arrangement with Franklin Watts, New York and London
Die Originalausgabe erschien unter dem Titel ERIC CARLE'S STORYBOOK
Aus dem Englischen übertragen von Margrit Grenz

Printed in Germany
ISBN 3-7979-2522-0

Inhalt

Hans im Glück

Hans hatte sieben Jahre bei einem Müller gearbeitet. Nun wollte er wieder nach Hause.

»Sieben Jahre sind eine lange Zeit«, sagte er eines Morgens zu seinem Meister. »Ich möchte meine Mutter wiedersehen. Bitte gib mir meinen Lohn und laß mich gehen.«

»Hans«, sagte der Müller, »du warst ein guter und treuer Arbeiter. Meine Frau und ich werden dich vermissen, doch wünschen wir dir viel Glück und einen guten Heimweg.«

Der Müller ging zu seinem Geldkasten und nahm den Lohn heraus. »Hier ist dein Lohn«, sagte er zu Hans und gab ihm einen Klumpen Gold, so groß wie sein Kopf.

Hans steckte den Goldklumpen in einen Sack, warf den Sack über die Schulter, nahm seinen Wanderstock, ging über die Brücke auf die Straße und marschierte los.

Die Straße war steil und steinig, die Mittagssonne heiß. Hans begann zu schwitzen. Das Gewicht des Goldes machte ihm zu schaffen. Da kam ein Reiter angaloppiert.

»Ach«, sagte Hans, »was ist ein Pferd doch für ein prächtiges Tier. Ein Reiter braucht nicht wie ich, schwere Lasten auf seinem Rücken zu tragen.«

»Was hast du denn da?« fragte der Reiter.

»Einen Klumpen Gold, viel zu schwer, um ihn zu schleppen.«

»Wenn du willst, können wir tauschen«, sagte der Reiter. »Ich gebe dir das Pferd, und du gibst mir das Gold.«

»Abgemacht«, antwortete Hans.

Der Mann half Hans aufs Pferd, dann machte er sich mit dem Gold davon, so schnell er konnte. Auch Hans wollte weiter. Er war glücklich, daß er nicht mehr zu Fuß zu gehen brauchte. Aber das Pferd merkte bald, daß Hans kein Reiter war, und warf ihn ab.

Ein Bauer, der auf einer Wiese in der Nähe seine Kuh melkte, fing das Pferd ein und half Hans wieder auf die Füße.

Hans war sehr durstig. »Lieber Mann«, sagte er zu dem Bauern, »es muß wundervoll sein, immer dann Milch zu haben, wenn man sie trinken möchte, und frische Butter und guten Käse dazu. Ach hätte ich nur eine Kuh!«

»Eine Kuh ist wirklich eine gute Sache, aber ein Pferd kann auch ganz nützlich sein«, meinte der Bauer. »Wenn du willst, gebe ich dir meine Kuh und du gibst mir dein Pferd dafür.«

»Abgemacht«, sagte Hans. »Ein Pferd ist nichts für mich. Nie wieder will ich so ein Tier reiten. Eine Kuh paßt besser zu mir.« Er nahm die Kuh, und der Bauer kletterte aufs Pferd und ritt in großer Eile davon.

»Ich bin der glücklichste Mensch auf der Welt«, dachte Hans und setzte sich hin, um seine Kuh zu melken. Aber melken war etwas, was er nie zuvor getan hatte, und er stellte sich recht ungeschickt dabei an. Er zog, preßte und drückte, aber die Kuh wollte und wollte keine Milch geben. Hans versuchte es noch einmal, diesmal doppelt so kräftig. Da wurde es der Kuh schließlich zu dumm. Sie hob eines ihrer Hinterbeine und versetzte Hans einen kräftigen Tritt.

In diesem Augenblick kam ein Mann mit einem großen, fetten Schwein vorbei. Er wollte es zum Markt bringen.

Rolf

»Was ist denn mit der Kuh los?« fragte der Mann.

Hans erzählte ihm von seinen Nöten. »Die Kuh sieht schlecht aus«, meinte der Mann. »Wer weiß, ob sie noch Milch gibt.«

»Ach«, sagte Hans. »Wie viel besser wäre ich dran, wenn ich ein so schönes, fettes Schwein wie deines hätte – Koteletts und Rostbraten, von den Würsten gar nicht zu reden!«

»Gut«, sagte der Mann, »aber nur weil du es bist, will ich mit dir tauschen. Du nimmst das Schwein, und ich nehme die Kuh.«

Sie tauschten, und Hans zog mit dem Schwein weiter. Aber das Schwein war eigensinnig. Wollte Hans den einen Weg gehen, wollte das Schwein unbedingt den anderen einschlagen. Außerdem quiekte, quietschte und grunzte es… na, wie es ein Schwein eben tut.

Hans wurde schon ganz mutlos, als er eine Frau mit einer fetten Gans vorbeikommen sah.

›Sieh einmal an‹, dachte er, ›Eier fürs Frühstück, Federn fürs Kissen, einen Braten zu Weihnachten, und das alles von einem Vogel. Nicht schlecht. Vielleicht tauscht die Frau mit mir.‹

Die Frau witterte ein gutes Geschäft und war mit dem Handel einverstanden.

Hans ging weiter und war schon fast zu Hause, als er einen Scherenschleifer bei der Arbeit sah. Welch ein Spaß! Funken stoben durch die Luft, und des Scherenschleifers Geldbeutel war voller Münzen.

»Eine schöne Gans hast du da«, sagte der Scherenschleifer. »Wo hast du die her?«

»Ich hatte viel Glück«, antwortete Hans und erzählte von all seinen Tauschgeschäften, wobei er mit dem Goldklumpen anfing.

»Du hast bemerkenswert viel Geschäftssinn«, meinte der Scherenschleifer, »du solltest meine Arbeit tun.«

»Wie soll ich das machen? Ich habe doch keinen Schleifstein.«

»Nun«, sagte der Scherenschleifer, während er einen losen Pflasterstein von der Straße aufhob, »ich habe zufällig einen Ersatzstein mitgebracht. Wenn du mir die Gans gibst, will ich ihn dir dafür geben.« Und so tauschte Hans die Gans gegen einen alten Pflasterstein.

›Ich bin der glücklichste Mensch auf der Welt‹, dachte er nach diesem Tausch. Aber er hatte einen langen Weg hinter sich und war müde und durstig. Und der Stein wurde von Schritt zu Schritt schwerer. Endlich kam Hans zu einem Brunnen. Er legte den Stein auf den Brunnenrand, beugte sich vor, um zu trinken, und stieß dabei gegen den Stein, der in den Brunnen rollte und mit einem lauten PLUMPS in der Tiefe verschwand.

Hans lachte. »Welch ein Glück«, sagte er zu sich selbst. »Jetzt bin ich endlich frei und brauche nichts mehr zu tragen.« Und er lief nach Hause.

WILLKOMMEN ZU HAUSE, HANS.

Seine Mutter sah ihn kommen und eilte ihm entgegen: »O Hans, wie hast du mir gefehlt. Schön, daß du wieder da bist!«

Als sie merkte, wie müde und hungrig er war, brachte sie ihm den bequemsten Stuhl des Hauses, damit er sich setzen und ausruhen konnte, und eilte geschäftig hin und her, um sein Lieblingsgericht zu kochen. Dabei erzählte sie ihm die Dorfneuigkeiten. Und als sie ihm schließlich eine Schüssel mit dampfenden Klößen vorsetzte, fühlte Hans, daß er der glücklichste Mensch auf der Welt war.

Die drei goldenen Haare des Teufels

Einst wurde einem armen Mann und seiner Frau eine hübsche Tochter geboren. Eine weise alte Frau aus dem Dorf sah das Mädchen und sagte: »Dieses Kind ist ein ganz besonderes, es wird immer glücklich sein und mit achtzehn Jahren Königin werden.«

Als die Königin des Landes von dieser Weissagung hörte, dachte sie: ›Ich bin die Königin, keine andere darf es sein.‹ Sie verkleidete sich und reiste durchs Land, bis sie in das Dorf kam, in dem das Kind geboren worden war.

Die Königin ging zu dem armen Mann und seiner Frau und sagte freundlich: »Gebt mir euer Kind, ich will es sorgfältig aufziehen.« Sie bot den Eltern einen Sack voll Gold, und der Vater und die Mutter gaben ihr Glückskind her und dachten, es sei in guten Händen.

Aber die Königin warf das Baby in den nächsten Fluß. »Jetzt brauche ich mir keine Sorgen mehr zu machen«, sagte sie zu sich selbst und glaubte, das Kind würde nun ertrinken.

Aber es sollte anders kommen. Das Baby, fest in Tücher und Windeln gepackt, ging nicht unter, sondern trieb langsam flußabwärts. Ein Müller sah das Bündel und zog es aus dem Wasser. Groß war die Freude bei den Müllersleuten über das kleine Mädchen, das sie als ihre Tochter aufzogen. Es war ein freundliches und geschicktes Kind, und der Müller und seine Frau dachten voll Dankbarkeit an den Tag zurück, an dem sie es gefunden hatten.

Achtzehn Jahre später reiste die Königin zu einem großen Ball ins benachbarte Königreich. Ihr Weg führte sie am Fluß entlang, und als sie bei der Mühle vorbeikam, brach ein Gewitter aus, so daß sie Schutz im Hause suchen mußte. Der Müller und seine Frau fühlten sich sehr geehrt, die Königin bei sich zu Gast zu haben, und sagten ihrer angenommenen Tochter, sie solle der Königin Tee bringen.

BOBBIE

»Ist dieses schöne Mädchen eure Tochter?« fragte die Königin.

»Wir sehen sie als unsere Tochter an, auch wenn sie es in Wirklichkeit nicht ist«, antwortete der Müller. »Vor achtzehn Jahren, als sie noch ein Baby war, fand ich sie im Fluß und zog sie heraus.«

Die Königin merkte sofort, das dies das Kind war, von dem sie angenommen hatte, es sei ertrunken. Jetzt wollte sie das Mädchen erst recht loswerden. »Könnte eure Tochter dem König einen Brief von mir bringen?« fragte sie.

»Es wäre eine Ehre für uns«, antwortete der Müller.

»Lieber König«, schrieb sie, »wenn diese junge Frau im Schloß ankommt, töte sie sofort. Sie ist eine böse Hexe. Von Deiner Königin.« Sie versiegelte den Brief und gab ihn dem Mädchen, das gleich fortging.

Der Weg war lang, und als es dunkel wurde, verirrte sich das Mädchen in einem Wald. Nach einer Wanderung von vielen Stunden kam es endlich zu einem Haus. Drinnen brannte Licht. Das Mädchen klopfte, und eine alte Frau öffnete die Tür. »Dies ist ein Räuberhaus«, sagte sie, »geh wieder weg, bevor sie nach Hause kommen und dir etwas antun.«

»Ich muß dem König einen Brief überbringen«, sagte das Mädchen. »Ich habe mich im Walde verirrt und bin müde. Bitte hilf mir!«

Da wurde die Alte neugierig wegen des Briefes. Sie ließ das Mädchen eintreten, gab ihm zu essen und steckte es ins Bett. Als die Räuber kamen, waren sie zuerst sehr zornig. Doch dann wurden auch sie neugierig. Sie öffneten den Brief und lasen ihn.

»Die Königin will das Mädchen täuschen«, sagte der Anführer. »Wir wollen ihr einen Streich spielen.« Er setzte sich hin und schrieb einen anderen Brief. »Lieber König«, schrieb er, »wenn diese junge Frau im Schloß ankommt, verheirate sie mit unserem Sohn. Warte nicht auf meine Rückkehr. Von Deiner Königin.«

Der Anführer verbrannte den ersten Brief und legte, während das Mädchen noch schlief, den zweiten an dessen Stelle. Als das Mädchen erwachte, bedankte es sich bei seinen Gastgebern und ging zum Schloß, wo es den von den Räubern geschriebenen Brief abgab.

Der König fand es sonderbar, daß die Königin nicht an der Hochzeit des Prinzen teilnehmen wollte. ›Sie muß wohl ihre Gründe haben‹, dachte er, und so wurde die Hochzeit gefeiert.

Als die Königin zurückkam und sah, was geschehen war, beschloß sie, die Prinzessin auf andere Weise aus dem Wege zu schaffen.

»Du mußt beweisen, daß du meinen Sohn wirklich liebst«, sagte sie zu der jungen Frau. »Geh und such den Teufel und bring mir drei goldene Haare aus seinem Bart.«

Die Prinzessin nahm Pferd und Wagen und zog los. Bald kam sie in eine Stadt, wo sie der Torhüter fragte: »Wer bist du und was weißt du?«

»Ich weiß alles«, antwortete die Prinzessin.

»Dann sag uns, warum unser Brunnen, aus dem sonst roter Wein kommt, jetzt nicht einmal Wasser hat.«

»Ich erzähle es dir bei meiner Rückkehr«, sagte die Prinzessin.

In der nächsten Stadt fragte sie der Torhüter: »Wer bist du und was weißt du?«

»Ich weiß alles«, antwortete die Prinzessin.

»Dann sag uns, warum unser Apfelbaum, der sonst goldene Äpfel trägt, jetzt nicht einmal Blätter hat.«

»Ich erzähle es dir bei meiner Rückkehr«, sagte die Prinzessin.

Schließlich kam sie zu einem Fluß und bat den Fährmann, sie ans andere Ufer zu bringen. »Wer bist du und was weißt du?« fragte er.

»Ich weiß alles«, antwortete die Prinzessin.

»Dann sag mir, warum ich immer hin- und zurückfahren muß und niemals abgelöst werde.«

»Ich erzähle es dir bei meiner Rückkehr«, sagte die Prinzessin und ging weiter. Nach einer Weile kam sie zum Haus des Teufels. Er war nicht zu Hause, nur seine Großmutter. »Du bist so jung und schön«, sagte die Großmutter. »Geh fort, sonst tut der Teufel dir etwas an.«

»Ich brauche drei goldene Haare aus seinem Bart, und ich habe drei Fragen«, entgegnete die Prinzessin. Und sie sagte die Fragen der alten Frau.

»Wenn das so ist, mußt du bleiben«, antwortete die Großmutter. »Ich werde ein Zaubermittel anwenden, damit er dich nicht findet. Sie dachte einen Augenblick nach, dann kam ihr eine Idee, und sie verwandelte die Prinzessin in eine Eule. »Jetzt bleib hier sitzen und paß gut auf«, sagte sie.

Der Teufel kam nach Hause und nahm ein üppiges Mahl zu sich. Dann trank er wie gewöhnlich Kaffee und hörte den Geschichten seiner Großmutter zu. Das machte ihn schläfrig, und schon begann er zu schnarchen.

Schnell zog ihm die Großmutter ein goldenes Haar aus seinem Bart.

»Au!« schrie der Teufel. »Was ist denn?« fragte die Großmutter.

»Ich träumte von einem Brunnen, aus dem sonst roter Wein kommt, aber jetzt nicht mehr.« »Warum nicht?« fragte die Großmutter. »Weil eine Kröte auf dem Boden des Brunnens sitzt«, sagte der Teufel und schlief wieder ein.

Kurz danach zog die Großmutter ein zweites goldenes Haar aus seinem Bart.

»Au!« schrie der Teufel. »Was ist denn?« fragte die Großmutter.

»Ich träumte von einem Apfelbaum, der sonst goldene Äpfel trägt, aber jetzt nicht mehr.« »Warum nicht?« fragte die Großmutter. »Weil eine Maus an seinen Wurzeln knabbert«, sagte der Teufel und schlief wieder ein.

Da zog die Großmutter ein drittes goldenes Haar aus seinem Bart.

»Au!« schrie der Teufel wieder. »Was ist denn?« fragte die Großmutter.

»Ich träumte von einem Fährmann. Er muß immer hin- und zurückfahren, und keiner löst ihn ab.« »Was soll er tun?« fragte die Großmutter. »Er soll dem nächsten, der kommt, das Ruder in die Hand drücken und davonlaufen«, sagte der Teufel. »Jetzt laß mich aber in Ruhe, sonst..., sonst...«, und er schlief wieder ein.

Am nächsten Morgen, nachdem der Teufel weggegangen war, verwandelte die Großmutter die Eule wieder in eine junge Prinzessin und gab ihr die drei goldenen Haare. »Geh schnell«, sagte sie, »du weißt ja jetzt die Antworten.«

Als der Fährmann die junge Frau über den Fluß gerudert hatte, sagte sie zu ihm: »Gib dem nächsten, der kommt, das Ruder und lauf davon!«

In der Stadt mit dem Apfelbaum und in der Stadt mit dem Brunnen gab sie den Torhütern die versprochenen Antworten auf ihre Fragen. Als man feststellte, daß die Antworten richtig waren, wurde ihr in jeder Stadt ein Sack voll Gold geschenkt. So kehrte die glückliche Prinzessin zurück, nicht nur mit drei goldenen Haaren aus des Teufels Bart, sondern auch noch mit zwei Säcken voll Gold.

Der Prinz freute sich sehr, daß seine Frau wieder da war. Die Prinzessin gab der Königin die drei goldenen Haare. Aber die

Königin war nicht zufrieden, sondern immer noch fest entschlossen, die junge Frau loszuwerden – nur im Augenblick war ihre Goldgier stärker.

»Wo hast du all das Gold her, meine Liebe?« fragte sie die Prinzessin.

»Ich fuhr mit einem Boot über den Fluß. Am anderen Ufer liegt statt Sand Gold. Ich habe es zusammengeschaufelt.«

»Kann ich mir auch davon holen?« fragte die Königin.

»Soviel du willst. Du mußt nur das Boot nehmen.«

Die Königin brach auf. Es war kalt und regnerisch, als sie beim Boot ankam. »Laß uns keine Zeit verlieren«, sagte sie zum Fährmann. Rudere mich schnell über den Fluß.

Er brachte sie ans andere Ufer. Dort drückte er ihr das Ruder in die Hand und rannte davon. Und von nun an mußte die Königin mit dem Boot fahren: hin und zurück, hin und zurück!

Nach dem Verschwinden der Königin traf alles so ein, wie es die weise alte Frau aus dem Dorf vorhergesagt hatte. Die Prinzessin wurde Königin. Sie war gerecht und großzügig, und das Volk liebte sie. Die alte Königin hatten alle gehaßt. Niemand vermißte sie, und niemand versuchte herauszufinden, was aus ihr geworden war.

Der Fischer und seine Frau

Es war einmal ein Fischer, der lebte mit seiner Frau in einer kleinen Hütte am Meer. Jeden Morgen ging er zum Strand und warf sein Netz aus. Eines Tages zog er einen Fisch mit silbernen und goldenen Schuppen heraus.

»Bitte«, sagte der Fisch, »laß mich wieder frei. Ich bin nämlich ein verzauberter Prinz und tauge nicht zum Essen.«

»Prinz oder kein Prinz, ein Fisch, der sprechen kann, verdient seine Freiheit«, sagte der Fischer und ließ den Fisch wieder ins Wasser gleiten.

Als der Fischer seiner Frau von dem Vorfall erzählte, sagte sie: »Du Dummkopf, das war ein Zauberfisch. Er kann Wünsche erfüllen. Du hättest dir etwas wünschen sollen.«

»Wir haben doch alles, was wir brauchen«, sagte der Fischer.

Aber seine Frau hörte nicht zu. »Morgen«, sagte sie, »fängst du den Fisch und bittest ihn um ein großes Haus – eines wie die Häuser in der Stadt. Und ich hätte gern ein schwarzes Kleid mit weißen Rüschen.«

Der Fischer wagte nicht, seiner Frau zu widersprechen. So warf er am nächsten Tag sein Netz genau an derselben Stelle aus. Und bald konnte er den Fisch mit den silbernen und goldenen Schuppen herausziehen.

»Was willst du?« fragte der Fisch.

»Meine Frau sagt, ich hätte mir etwas wünschen sollen«, antwortete der Fischer. »Sie möchte ein großes Haus haben – eines wie die Häuser in der Stadt – und ein schwarzes Kleid mit weißen Rüschen.«

»Geh nach Hause«, sagte der Fisch, »ihr Wunsch ist schon erfüllt.«

Der Fischer ging nach Hause. Und richtig: Seine Frau stand in einem schwarzen Kleid mit weißen Rüschen vor einem großen Haus.

Eine Woche verging, und schon begann die Frau des Fischers, ihr Haus zu klein zu finden. »Geh und such den Zauberfisch«, sagte sie zu ihrem Mann. »Ich möchte Königin sein und in einem Schloß wohnen.«

TARA
RAMSEY

»Aber jetzt haben wir doch wirklich alles, was wir brauchen«, antwortete der Fischer.

Seine Frau ließ nicht locker. »Ich muß Königin sein, ich muß Königin sein«, wiederholte sie beharrlich.

Schließlich gab der Fischer nach und ging an den Strand. Das Wasser war dunkel, und windig war es auch. Als der Fisch auftauchte, sagte er: »Meine Frau möchte Königin sein und in einem Schloß wohnen.«

»Geh nach Hause«, sagte der Fisch, »ihr Wunsch ist schon erfüllt.«

Der Fischer ging nach Hause. Und richtig: Seine Frau war jetzt Königin. Sie stand vor der Tür eines prächtigen Schlosses.

»So«, sagte der Fischer, »jetzt bist du Königin. Alle Deine Wünsche sind erfüllt.«

»Ich will aber nicht mehr Königin sein«, erwiderte seine Frau. »Geh und sag dem Fisch, ich möchte Papst sein.«

»Nein, nein«, antwortete der Fischer. »Diesmal verlangst du zuviel. Ich werde nicht gehen.«

Aber schließlich ging er doch. Der Himmel hatte sich schwarz gefärbt, und die Wellen waren so hoch wie Berge. Ängstlich sagte der Fischer: »Meine Frau möchte Papst sein.«

»Geh nach Hause«, sagte der Fisch, »ihr Wunsch ist schon erfüllt.«

Der Fischer ging nach Hause. Und richtig: Er fand eine große, reich mit Gold ausgeschmückte Kirche. Hohe Kerzen brannten, und dahinter stand seine Frau im Gewande eines Papstes.

»Jetzt bleibt dir nichts mehr zu wünschen übrig«, sagte er zu seiner Frau.

»Laß mich nachdenken«, antwortete sie. In dieser Nacht konnte sie nicht schlafen. Sie überlegte hin und her, was sie noch sein könnte. Sobald die Sonne aufging, stand sie auf. ›Jetzt weiß ich es‹, dachte sie, ›ich möchte gern derjenige sein, der die Sonne aufgehen läßt.‹

Sie weckte ihren Mann. »Geh zum Fisch«, befahl sie ihm, »und sag ihm, ich möchte die Sonne aufgehen lassen. Ich möchte der Herrscher des Weltalls sein.«

Voller Schrecken machte sich der Fischer auf den Weg zum Strand. Ein wilder Sturm tobte. »O Fisch«, rief er in das Sturmgebrause hinein: »Meine Frau möchte der Herrscher des Weltalls sein.«

»Geh nach Hause«, sagte der Fisch.

Der Fischer ging nach Hause. Und er fand eine kleine Hütte und darin seine Frau in ihren alten Kleidern.

Bis zu ihrem Ende lebten der Fischer und seine Frau in der kleinen Hütte am Meer. Jeden Morgen ging der Fischer zum Strand und warf sein Netz aus. Im Laufe der Zeit fing er Tausende von Fischen, aber den Zauberfisch mit den silbernen und goldenen Schuppen, der sprechen und Wünsche erfüllen konnte, den fing er nie wieder.

Tom Däumling

Ein armer Holzfäller saß eines Abends am Feuer. Bei ihm saß seine Frau und spann. »Ich finde es traurig, daß wir keine Kinder haben«, sagte er. »Es ist so still, mit einem Kind wäre es viel lustiger.«

»Ja«, antwortete seine Frau, »auch ich wäre froh, wenn wir ein Kind hätten, selbst wenn es nur so groß wie mein Daumen wäre.«

Bald darauf bekamen sie einen Sohn, der war nicht größer als ein Daumen. Sie nannten ihn Tom Däumling, hegten und pflegten ihn und hatten ihn sehr lieb.

Die Zeit verging, aber Tom wuchs nicht, sondern blieb so klein wie am Tage seiner Geburt. Aber er war ein kräftiges und gesundes, freundliches und geschicktes Kerlchen, dem alles gelang, was es auch anfing.

Eines Morgens machte sich sein Vater fertig, um in den Wald zu gehen und Holz zu fällen. Dabei sagte er: »Wenn doch jemand da wäre, der mir das Pferd und den Wagen später nachbringen könnte.«

»Laß mich nur machen«, sagte Tom, »ich werde es schon schaffen.«

»Gut«, sagte der Vater, »wir können es ja versuchen.«

Als es Nachmittag war, kletterte Tom aufs Pferd und setzte sich ihm zwischen die Ohren. »Los«, rief er mit kräftiger Stimme, und das Pferd gehorchte und zog den Wagen hinter sich her.

Zwei Fremde gingen durch den Wald, sahen das Pferd und hörten die Zurufe, mit denen Tom das Pferd mal nach rechts, mal nach links lenkte. Sie konnten aber keinen Menschen entdecken. »Das ist sehr merkwürdig«, sagte einer von ihnen, »laß uns dem Wagen folgen und dem Geheimnis auf die Spur kommen.« Als sie bald darauf zu der Stelle kamen, an der Toms Vater wartete, versteckten sie sich hinter einem Baum.

»Hier bin ich, Vater!« rief Tom. »Hab' ich dir zuviel versprochen?« »Das hast du gut gemacht, mein Junge«, antwortete der Holzfäller, holte Tom vom Pferd und setzte ihn auf seine Schulter.

»Mit dem kleinen Burschen könnten wir unser Glück machen, wenn wir ihn in den Städten für Geld zeigten«, sagten die Männer. »Die Leute würden bezahlen, um ihn zu sehen. Wir wollen ihn kaufen.«

»He du!« sagte einer von ihnen zum Holzfäller. »Hier hast du ein schönes Stück Gold. Verkauf uns den Kleinen. Er soll es gut bei uns haben.«

»Nein«, antwortete der Holzfäller, »das kommt gar nicht in Frage. Meine Frau und ich haben ihn viel zu lieb, um ihn weggeben zu können.«

Aber Tom flüsterte seinem Vater ins Ohr: »Nimm das Gold und mach dir keine Sorgen um mich! Schneller als du denkst, bin ich wieder zurück.« Da war der Holzfäller mit dem Handel einverstanden und nahm das Gold.

Einer der Männer setzte Tom auf seine Hutkrempe. Dann verabschiedeten sich die drei vom Holzfäller, der den Wagen mit Holz belud und nach Hause fuhr. Auch die Männer mit Tom gingen los.

Nach einer Weile sagte Tom: »Laßt mich hinunter.«

»Nein«, sagten die Männer, »du willst nur weglaufen.«

»Ich muß mal«, sagte Tom, »laßt mich schnell hinunter.« Da setzten die Männer Tom ins Gras. Flink wie ein Wiesel schlüpfte Tom in ein Mäuseloch. »Lebt wohl, meine Herren«, rief er.

Die Männer suchten Tom überall, konnten ihn aber nicht finden. Sie stocherten im Mäuseloch herum, aber Tom blieb verschwunden. Da gaben sie es auf.

»Wir sind angeführt worden«, sagten sie ärgerlich und gingen weiter.

Als Tom aus dem Mäuseloch herauskletterte, stand schon der Mond am Himmel. »Nachts zu gehen, ist gefährlich«, sagte er zu sich selbst und kroch in ein Schneckenhaus, das in der Nähe auf einem Feld lag.

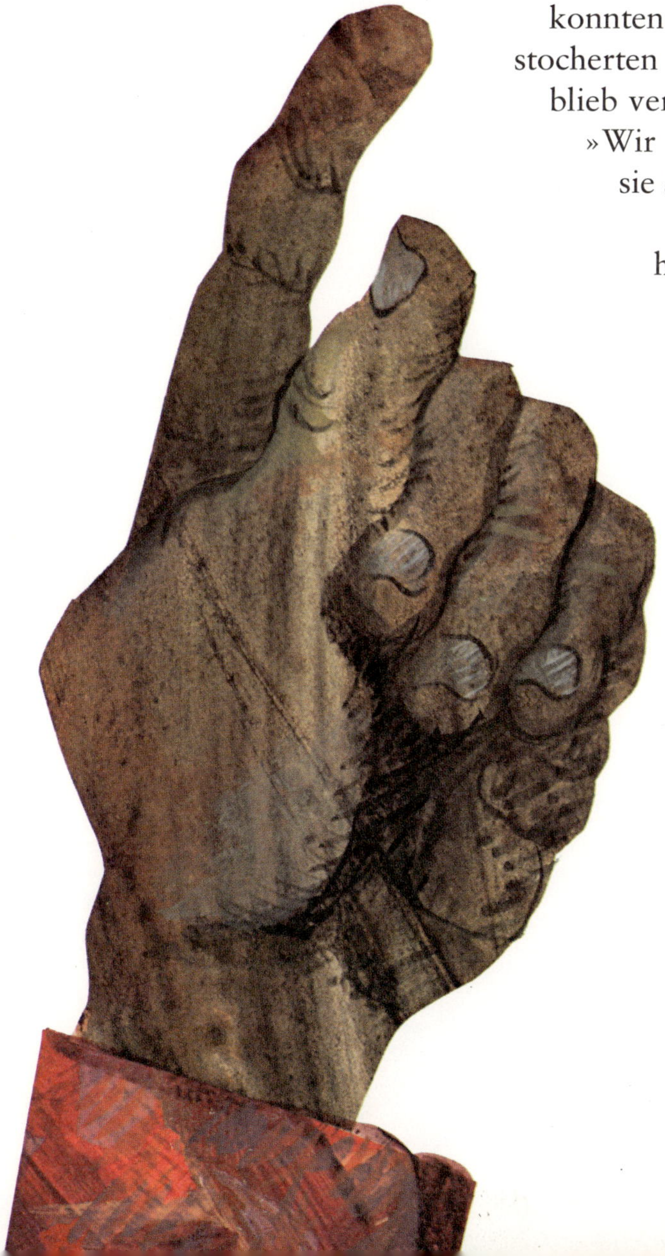

Er war gerade beim Einschlafen, als er zwei Männer vorbeikommen hörte.

»Dieser Mann hat Gold, Silber und Juwelen«, sagte der eine, »aber um ihn zu bestehlen, müssen wir in sein Haus, und ich weiß nicht wie.«

»Ich könnte euch helfen«, rief Tom.

»Was war das für eine Stimme? Ist da jemand?« fragten die Diebe.

»Ja, hier. Im Gras.«

Als die Diebe Tom erblickten, mußten sie laut lachen. »Wie willst du kleiner Wicht uns helfen?«

»Ich könnte ins Haus hineinschlüpfen und euch alles herausgeben, was ihr wollt.«

»Nun, versuchen können wir es ja«, meinten die Diebe. »Komm mit.«

Sie kamen zu dem Haus, und Tom fand auch gleich eine Öffnung, durch die er hineinschlüpfen konnte. Als er aber drinnen war, rief er ganz laut: »Was wollt ihr? Soll ich euch alles geben?«

»Pst!« sagten die Diebe. »Sei nicht so laut.«

Tom tat, als ob er sie nicht verstanden hätte. »Haltet eure Hände auf«, schrie er, »hier ist das Gold.«

Das hörte das Dienstmädchen und kam mit einer Lampe. Da ergriffen die Diebe die Flucht, und Tom, sehr zufrieden, schlich hinaus in die Scheune. Dort machte er es sich im weichen Heu bequem. ›Morgen zum Abendbrot werde ich zu Hause sein‹, dachte er vor dem Einschlafen.

Am nächsten Morgen kam aber das Mädchen, um die Kuh zu füttern. Sie ergriff einen Arm voll Heu und warf es der Kuh vor – und gerade in diesem Heu lag Tom und schlief. Als die Kuh Tom mit dem Heu hinunterschluckte, erwachte er und schrie laut auf. Aber das Mädchen hörte ihn nicht. Sie war wieder in die Küche gegangen.

Später kam das Mädchen zurück, um die Kuh zu melken. Ihre Überraschung war groß, als aus der Kuh eine Stimme ertönte. »Laßt mich raus, laßt mich raus!«

Schnell lief das Mädchen zum Hausherrn. »Die Kuh spricht«, sagte sie. Er folgte ihr in den Stall. Tom schrie wieder: »Laßt mich raus, laßt mich raus!«

Der Mann wurde bleich: »In die Kuh ist ein böser Geist gefahren, wir müssen sie töten«, sagte er.

Er schlachtete die Kuh und warf ihren Magen, in dem Tom steckte, auf den Müll. Tom drehte und wendete sich, um aus dem Magen herauszukommen. Als er gerade die Nase herausstrecken und frische Luft einatmen konnte, kam ein hungriger Wolf vorbei. Der Wolf stürzte sich auf den Magen und schlang den ganzen Magen in einem Happen hinunter. Aber Tom verlor den Mut nicht.

»Lieber Freund«, sagte er aus dem Bauch des Wolfes, »ich weiß einen herrlichen Fraß für dich.«

»Wo kann ich ihn finden?« fragte der Wolf.

»Im Hause des Holzfällers«, sagte Tom und beschrieb genau den Weg zu dem Haus seines Vaters.

Als sie ankamen, sagte Tom: »Kriech durch das kleine Fenster an der Rückseite. Dort ist die Speisekammer.«

Der Wolf zwängte sich durch das kleine Fenster in die Speisekammer und fraß und fraß, bis er nicht mehr konnte. Dann wollte er wieder weg, aber er war so dick geworden, daß er nicht mehr durch das Fenster paßte. Da schrie Tom so laut er konnte: »Hilfe, Hilfe!«

»Sei ruhig«, sagte der Wolf, »du weckst ja die Leute auf.« Aber Tom schrie weiter.

Der Holzfäller und seine Frau hörten das Geschrei und kamen mit einer Axt. Als sie den Wolf sahen, rief der Holzfäller: »Jetzt hab' ich dich, du Dieb!« Und er holte weit aus mit der Axt, um den Wolf zu töten.

»Vater, Vater!« schrie Tom voller Angst. »Ich bin im Bauch des Wolfes.«

»Keine Sorge, ich verletze dich nicht«, antwortete der Holzfäller und streckte den Wolf mit einem einzigen Schlag auf den Kopf nieder. Dann öffnete er den Leib des Wolfes und zog Tom heraus.

SAUER
ESSIG

»Gott sei Dank, daß wir dich wiederhaben«, sagte er. »Wo bist du um Himmels willen überall gewesen?«

»Ich habe viel gesehen«, antwortete Tom, »gut, daß ich wieder an der frischen Luft bin! Ich bin in einem Mäuseloch, im Bauch einer Kuh und im Leib eines Wolfes gewesen. Nun bleibe ich bei euch.«

»Und wir geben dich nie wieder her«, sagten die Eltern und umarmten und küßten ihren Tom Däumling.

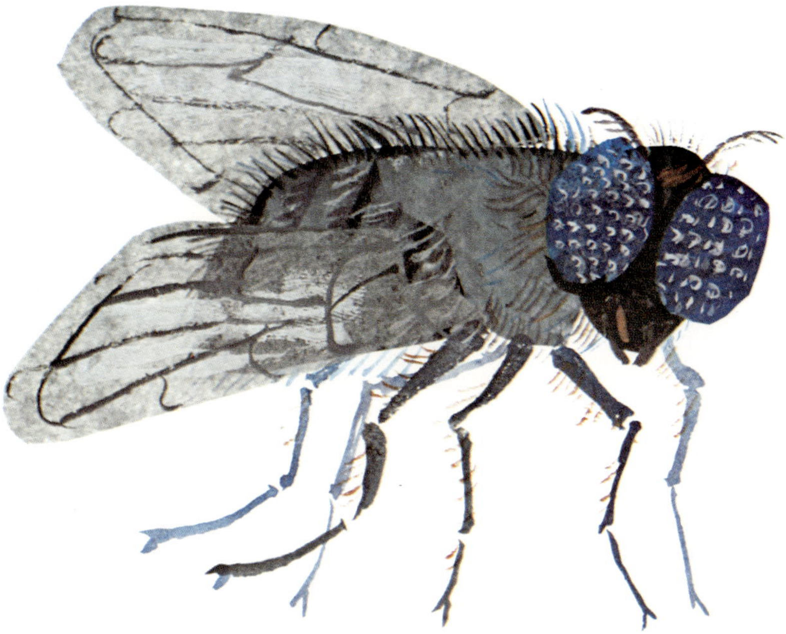

Sieben auf einen Streich

An einem schönen Sommermorgen saß ein Schneider an seinem Tisch vor dem Fenster und nähte. Er war mit sich und der Welt zufrieden, denn er nähte gerade einen neuen Anzug für den Bürgermeister. Da sah er auf der Dorfstraße eine Bauersfrau mit einem Korb, die rief: »Marmelade und Gelee, Marmelade und Gelee. Herrliches Brombeergelee, wunderbares Brombeergelee, einen Löffel voll für nur einen Pfennig!«

»Das klingt gar nicht übel«, sagte der Schneider. »Es ist bald Mittagszeit, und ich bin hungrig. Brombeergelee würde gut zu dem frischen Brot passen, das ich im Schrank habe.« Er streckte seinen Kopf aus dem Fenster und rief: »Komm nur herein, ich will dir etwas abkaufen.«

Der Schneider gab der Frau einen Pfennig und bekam von ihr einen Löffel voll von dem köstlichen Gelee. Nachdem sie wieder gegangen war, schnitt er eine Scheibe Brot ab, tat das Gelee darauf und legte sie neben sich. »Ich will nur noch schnell den Saum fertig nähen und dann essen«, sagte er und nähte, so schnell er konnte. Plötzlich summte es um ihn herum. Der süße Duft hatte Fliegen angelockt. Einige von ihnen ließen sich ungeniert auf dem Gelee nieder.

»Wer hat euch eingeladen?« rief der Schneider und scheuchte die ungebetenen Gäste weg. Sie flogen auf, kamen aber gleich wieder zurück. Da packte den Schneider die Wut. Er nahm ein Tuch und schlug mit aller Kraft nach den Fliegen. Und dann staunte er: Er hatte sieben Fliegen mit einem einzigen Schlag getötet.

»Sieh einer an«, sagte er, »ich wußte gar nicht, daß ich so stark bin. Einer wie ich muß hinaus in die Welt. Schneider ist nicht der richtige Beruf für mich.«

Er hatte ein wenig Geld gespart. Damit kaufte er sich einen Brustschild und schrieb darauf in großen Buchstaben: SIEBEN AUF EINEN STREICH. Dann stopfte er ein Stück Weißkäse in die eine Hosentasche, einen kleinen Vogel in die andere, schloß die Tür ab und begab sich auf Wanderschaft.

SIEBEN
AUF
EINEN
STREICH

Er marschierte munter drauf los und erreichte den Gipfel eines hohen Berges. Dort saß ein Riese und betrachtete das weite Land unter ihm. »Guten Tag, Kamerad«, begrüßte ihn der Schneider. »Bist du auch auf Wanderschaft? Wenn ja, können wir zusammen weitergehen.«

Der Riese sah ihn verächtlich an. »Was soll ich mit einem kleinen Burschen wie dir?« Doch dann bemerkte er den Brustschild. »Irgend etwas mußt du schon an dir haben, wenn du sieben auf auf einen Streich getötet hast«, fuhr er fort, »zeig doch mal, was du kannst!« Der Riese ergriff einen großen Stein und drückte ihn mit den Händen so fest zusammen, daß Wasser herauslief.

»Mach's mir nach«, sagte er.

»Kleinigkeit«, erwiderte der Schneider. Er tat so, als ob er nach einem Stein suchte, und holte dabei heimlich den Käse aus seiner Tasche. Dann quetschte er den Käse, bis es nur so tropfte.

Der Riese konnte sein Erstaunen kaum verbergen, aber er hatte noch seine Zweifel. Er hob einen anderen Stein auf, warf ihn in die Luft, und der Stein flog ungefähr einen Kilometer weit, bevor er wieder auf dem Boden landete.

»Wenn's weiter nichts ist«, sagte der Schneider. Er tat wieder so, als ob er nach einem Stein suchte, holte dabei den kleinen Vogel aus der Tasche und warf ihn in die Luft. Der Vogel war natürlich froh, daß er wieder frei war. Höher und höher stieg er in die Lüfte auf und entfernte sich immer mehr, bis er schließlich nicht mehr zu sehen war.

Der Riese war vor Staunen fassungslos. Gleichzeitig packte ihn die Angst, denn er war noch niemandem begegnet, der stärker war als er selbst. Er sah sich noch einmal den Brustschild an, auf dem SIEBEN AUF EINEN STREICH geschrieben stand. Dann drehte er sich um und rannte davon, so schnell ihn seine großen, starken Beine tragen konnten.

Der Schneider wanderte weiter – von Stadt zu Stadt, bis er eines Tages zu einem Schloß kam. Da er müde war, legte er sich hin, um ein Schläfchen zu machen. Einige Leute kamen vorbei und lasen, was auf seinem Brustschild stand. »Was? Sieben auf einen Streich«, sagte einer und rannte schnurstracks zum König, um ihm davon zu berichten.

Der König dachte einen Augenblick nach. Dann schickte er einen Boten und ließ anfragen, ob der Schneider bereit sei, in die königliche Armee einzutreten.

»Deshalb bin ich ja hier«, antwortete der Schneider.

Diese Antwort erfreute den König, und er gab dem Schneider ein schönes Haus und viele andere Geschenke. Da wurden die anderen Soldaten neidisch. Sie drohten mit ihrem Rücktritt, wenn der Schneider in der Armee bliebe. Der König wollte nicht alle seine treuen Leute verlieren. Deshalb versuchte er, den Schneider wieder loszuwerden.

»Im Wald leben zwei Riesen«, sagte er zum Schneider. »Sie zerstören mein ganzes Königreich. Wenn es dir gelingt, sie zu töten, gebe ich dir einen Sack voll Gold.«

»Nichts leichter als das«, antwortete der Schneider.

ROLAND

Im Wald fand er die beiden Riesen: Sie lagen unter einem großen Baum und schliefen. Der Schneider versteckte sich hinter einem Felsen, nahm einen Stein, zielte und traf den einen Riesen an der Nase. Dieser wachte auf und sagte zu dem anderen: »He! Laß das.«

»Wovon sprichst du eigentlich?« fragte der andere Riese. »Du hast bestimmt geträumt.«

Beide schliefen wieder ein. Und der Schneider warf wieder einen Stein und traf die Nase des anderen Riesen. Der sprang auf und schrie den ersten Riesen an: »Hör auf, du Dummkopf!«

»Ich ein Dummkopf?« rief der erste Riese zornig.

»Ja, das bist du!« brüllte der zweite Riese.

Und gleich waren sie in einen heftigen Kampf verwickelt: Sie schlugen sich mit den Fäusten, traten sich mit den Füßen und bewarfen sich mit Steinen. Schließlich rissen sie Bäume heraus und prügelten sich zu Tode.

Als die Knechte des Königs kamen, um nachzusehen, was geschehen war, fanden sie zwei tote Riesen. Daneben stand der Schneider mit dem Schwert in der Hand.

E·B

Der Schneider bekam den Sack voll Gold, und die Königstochter begann, Gefallen an ihm zu finden. »In den Bergen lebt ein Einhorn«, sagte sie zu ihm. »Wenn du es fängst, heirate ich dich.«

»Kein Problem«, sagte der Schneider. Er nahm ein Seil und eine Axt und machte sich auf die Suche. Schließlich fand er das Einhorn, stellte sich vor einen Baum und begann, das Tier zu ärgern. Das Einhorn stampfte vor Wut mit den Hufen, schnaubte heftig durch die Nüstern. Aber der Schneider ließ sich nicht einschüchtern. Da raste das Einhorn auf ihn zu, um ihn aufzuspießen. Schnell sprang der Schneider zur Seite, und das Horn durchbohrte mit aller Kraft den Baumstamm. Nun war das Einhorn gefangen. Vergeblich versuchte es, sich wieder zu befreien. Als es sich etwas beruhigt hatte, band ihm der Schneider das Seil um den Hals und schlug so lange mit der Axt auf den Baum ein, bis das Horn wieder frei war. Dann führte er das erschöpfte Einhorn zum Schloß.

Nun konnte der Schneider die Prinzessin heiraten. Alles ging gut, bis die Prinzessin eines Nachts ihren Mann sagen hörte: »Gib mir ein Stück Stoff, und ich will dir ein schönes Kleid daraus machen.« In der nächsten Nacht hörte sie, wie er sagte: »Welcher Stich soll es sein?« Jetzt war sie ganz sicher, daß ihr Mann kein Ritter, sondern nur ein ganz einfacher Schneider war. Sie ging zu ihrem Vater und erzählte es ihm.

»Morgen nacht, wenn ihr beide im Bett liegt, schicke ich meine drei stärksten Männer«, sagte der König. »Sie sollen deinen Mann töten.«

Zufällig hörte der Hofnarr von diesem Plan und warnte den Schneider. Als nun die drei Männer auf Zehenspitzen ins Schlafzimmer schlichen, tat der Schneider so, als ob er schliefe. Sie wollten gerade über ihn herfallen, da sagte er: »Ich habe sieben auf einen Streich getötet, einen Riesen in Angst und Schrecken versetzt, zwei andere Riesen getötet und ein wildes Einhorn eingefangen. Warum sollte ich vor drei gewöhnlichen Soldaten Angst haben, die jetzt versuchen wollen, mich zu töten?«

Als die drei Männer das hörten, machten sie sich auf und davon und wurden niemals wieder gesehen.

Von nun an wagte es keiner mehr, dem Schneider auch nur ein Härchen zu krümmen. Weit und breit war er als Held bekannt. Und als der alte König starb, wurde der Schneider – dessen abenteuerliches Leben damit begonnen hatte, sieben Fliegen mit einem einzigen Schlag zu töten – sein Nachfolger. Der neue König war ein weiser Herrscher und regierte sein Land sehr, sehr lange – bis an sein Lebensende.

Hans will das Gruseln lernen

Ein Vater hatte zwei Söhne, von denen der ältere nach Meinung der Leute klug, der jüngere dagegen dumm war. Wollte aber der Vater seinen ältesten Sohn am späten Abend mit einem Auftrag fortschicken und führte der Weg über den Friedhof oder an einen anderen unheimlichen Ort, so sagte der Junge: »Laß den Hans gehen, ich fürchte mich.«

Hans kannte nämlich keine Angst. Wenn die Leute abends vor dem Feuer saßen und Geistergeschichten erzählten und einer sagte »mir gruselt's«, wunderte sich Hans. »Was ist gruseln?« fragte er.

Eines Tages sagte sein Vater zu ihm: »Es wird Zeit, daß du einen Beruf erlernst.«

»Ich möchte lieber das Gruseln lernen«, sagte Hans, »ich möchte so gern wissen, wie das ist.«

E.C.

Der Vater erzählte dem Küster von dem Wunsch seines Sohnes. »Wenn es weiter nichts ist«, erwiderte der Küster, »sag ihm, er soll zu mir kommen.« Hans kam, und der Küster bat ihn, um Mitternacht die Kirchturmglocken zu läuten. Er selbst hüllte sich in weiße Laken und stellte sich auf die Treppe zum Turm, so daß Hans ihn sehen konnte und annehmen mußte, er sei ein Geist. Dazu seufzte und stöhnte er ganz erbärmlich.

Aber anstatt sich zu erschrecken, fragte Hans: »Wer bist du? Antworte, wenn du es ehrlich meinst. Sonst hau ab! Ich muß die Glocken läuten.«

»Nein, nein«, stöhnte der Küster.

»Aber ja«, sagte Hans und warf den Mann die Treppe hinunter. Dann läutete er zwölfmal die Glocken, ging nach Hause und legte sich ins Bett.

Am nächsten Morgen wurde der Küster, der sich bitter über Hans beklagte, mit vielen Knochenbrüchen am Fuße der Turmtreppe aufgefunden.

Nach diesem Vorfall begann der Vater, sich Sorgen um den Ruf der Familie zu machen. Er gab Hans etwas Geld und sagte: »Ich glaube nicht, daß dir hier jemand das Gruseln beibringen kann.«

»Wenn das so ist«, antwortete Hans, »muß ich eben mein Glück woanders versuchen.« Am nächsten Tag machte er sich auf den Weg. »Wenn ich bloß wüßte, was gruseln ist«, murmelte er immer wieder vor sich hin.

Zufällig hörte das ein Mann. »Siehst du den Galgen?« fragte er. »Bleib die Nacht über hier. Morgen früh wirst du wissen, was gruseln ist.« »Hab Dank, hab Dank«, sagte Hans und machte es sich unter dem Galgen bequem. Weil ihm kalt war, zündete er sich ein Feuer an. Und als er aufblickte, taten ihm die beiden toten Männer leid, die über ihm baumelten und vom Wind hin und her bewegt wurden. »He!« sagte er, »kommt runter, das Feuer ist warm genug für uns drei.«

Hans erhielt keine Antwort. Deshalb kletterte er zu ihnen hinauf und schnitt die Seile durch. Er setzte die beiden leblosen Gesellen aufrecht ans lodernde Feuer und sprach zu ihnen, aber sie starrten nur stumm in die Nacht. »Ihr seid mir zu langweilig«, sagte Hans schließlich, gähnte und schloß die Augen.

Am nächsten Morgen kam der Mann zurück, um zu hören, ob Hans das Gruseln gelernt hatte. »Gruseln, nein«, sagte Hans, »aber Langeweile, ja.« Der Mann schüttelte den Kopf. Dann sagte er: »Versuch's mal mit dem Spukschloß in der nächsten Stadt.«

Hans fand das Schloß und ging zum König. »Ich habe gehört, daß ich in deinem Schloß das Gruseln lernen könnte«, sagte er.

Der König sah ihn traurig an. »Das stimmt«, antwortete er. Ein böser Geist hat meine Tochter verzaubert, so daß sie immer schlafen muß. Nur ein Fremder, der drei Nächte hintereinander in diesem Spukschloß verbringt, kann sie von dem Zauber befreien. Viele haben es schon versucht, alle mußten sie sterben. Geh lieber weg. Du bist noch so jung.«

»Nein«, sagte Hans, »ich bleibe hier.«

In der ersten Nacht saß Hans allein am Kamin. Da sprang eine Katze mit zwei Köpfen aus dem Feuer und fragte ihn, ob er mit ihr Karten spielen wollte. »Nichts lieber als das«, antwortete er. Da sprang sie ihm ins Gesicht, um ihm die Augen auszukratzen. Aber Hans erwischte sie noch rechtzeitig am Schwanz und schleuderte sie aus dem Fenster. Dann ging er zu Bett. Plötzlich begann sich das Bett zu bewegen, schneller und schneller. Es galoppierte die Treppen rauf und runter, durch Hallen, Zimmer, Keller und Boden und schließlich wieder zurück in sein Zimmer.

»Das gefällt mir«, sagte Hans, »mach weiter.« Aber das Bett schien müde zu sein. Und Hans schlief auch gleich ein.

Am nächsten Morgen kam der König und war erstaunt und froh, Hans noch am Leben zu finden.

»Es nützt alles nichts«, sagte Hans, »ich fürchte, ich werde das Gruseln nie lernen.«

In der zweiten Nacht saß er wieder am Kamin. Da hörte er ein lautes Heulen und Gekreische. Die Tür öffnete sich langsam, fast geräuschlos, und die obere Hälfte eines Ungeheuers schwebte herein. Das Ungeheuer gab seufzende und stöhnende Laute von sich, und die Tür fiel mit einem Knall ins Schloß.

»Du armes Wesen«, sagte Hans. »Es muß schrecklich unbequem sein, ohne Beine zu leben.« Da ging die Tür wieder auf, und die Beine des Ungeheuers kamen hereingesprungen. »So ist es besser«, meinte Hans, als beide Hälften sich nahtlos zu einem ganzen Ungeheuer zusammenfügten.

»Was kann ich für dich tun?« fuhr er fort. In diesem Augenblick wurde die Tür aufgerissen, und zahlreiche Stücke – Hälften, Viertel und Dreiviertel – flogen herein. Sie schoben sich wie im Puzzlespiel zusammen und bildeten eine ganze Bande von Ungeheuern. Die Ungeheuer waren allesamt häßlich, und ihr Atem roch übel.

»Habt ihr Lust zu kegeln?« fragte eines von ihnen. Als Kugel holte es einen Totenkopf und als Kegel weiße Knochen. Hans und den Ungeheuern wurde die Zeit nicht lang: Alle kegelten mit großem Vergnügen. Auf einmal schlug es zwölf Uhr. Da fielen die Ungeheuer wieder in Stücke auseinander.

»Am besten nehmen wir ihn mit«, sagte ein Ungeheuer und zeigte auf Hans.

»Das könnte euch so passen«, sagte Hans, nahm ein brennendes Holzscheit aus dem Kamin und ging auf die Ungeheuer los. Wenn es etwas gibt, was Ungeheuer verabscheuen, dann ist es Feuer. Sie flohen und suchten Schutz in der Dunkelheit. Und Hans ging zu Bett.

Am nächsten Morgen kam der König und war froh, Hans immer noch am Leben zu finden. »Wie war denn die letzte Nacht?« fragte er.

»Prima«, sagte Hans. »Ich habe mit einigen Ungeheuern gekegelt, und das hat viel Spaß gemacht.«

»Hast du keine Angst gehabt? War es gruselig?«

»Nein«, antwortete Hans, »ich fürchte, ich werde das Gruseln nie lernen.«

In der dritten Nacht saß Hans wieder am Kamin und fragte sich, ob er wohl jemals das Gruseln lernen würde. Da kamen sechs Männer mit einem Sarg herein, stellten ihn auf den Boden und gingen wieder, ohne ein Wort zu sagen.

»Das ist sicher mein Vetter, der vor kurzem gestorben ist«, sagte Hans und öffnete den Sarg. Drinnen lag eine Leiche, kalt und weiß. »Du kannst es wärmer haben, lieber Freund«, sagte Hans, nahm den leblosen Körper und setzte ihn ans Feuer. Dann rubbelte er die eisigen Hände, aber sie blieben so kalt wie zuvor.

Als es Schlafenszeit war, legte er den toten Mann neben sich ins Bett, um ihn zu wärmen, und schlief gleich ein. Mitten in der Nacht fühlte er, daß ihn jemand an die Schulter faßte. Es war sein Bettgenosse.

»Ich bin froh, daß du wieder lebst«, sagte Hans verschlafen, »was willst du?«

»Ich muß jetzt dein Blut trinken«, sagte der andere.

»Mein Blut? Einen Fußtritt verdienst du«, und Hans ergriff den Mann und legte ihn wieder in den Sarg. »Das wird dich lehren, dankbar zu sein«, sagte er und nagelte den Sarg zu. Da waren auch schon die sechs Männer wieder da und trugen den Sarg genauso stumm hinaus, wie sie ihn hereingebracht hatten.

»Werde ich's denn nie lernen«, sagte Hans verzweifelt, »werde ich das Gruseln nie lernen?«

Da klopfte es an die Tür, und herein kam ein Riese mit einem langen weißen Bart. Er sah sehr alt aus.

»Jetzt wirst du das Gruseln lernen«, sagte der Riese, »du sollst nämlich sterben.«

»Das glaube ich nicht«, antwortete Hans. »Mag sein, daß du größer bist als ich, aber bestimmt nicht stärker.«

»Wir werden sehen«, sagte der Riese und führte Hans durch einen dunklen Tunnel in die königliche Schmiede. Dort nahm er einen Schmiedehammer und schlug so stark auf einen schweren Amboß, daß dieser in der Erde verschwand. »Das kann ich besser«, sagte Hans, nahm eine Axt und ging zu einem anderen Amboß. Der Riese folgte ihm und beugte sich vor, um besser sehen zu können. Da holte Hans mit der Axt aus und spaltete mit einem mächtigen Schlag den Amboß. Dabei erwischte er den langen Bart des Riesen und klemmte ihn fest.

»So, jetzt hab ich dich«, sagte Hans und begann, den Riesen mit einem Stock zu schlagen.

»Laß mich frei, laß mich frei«, bettelte der Riese, »dann zeige ich dir auch die Schätze dieses Schlosses.«

Hans befreite den Riesen, und der alte Mann führte ihn zurück ins Schloß. Im Keller zeigte er Hans drei Kisten voller Gold. »Eine Kiste ist für den König«, sagte er, »eine ist für die Armen, und die dritte gehört dir.«

Da schlug die Uhr zwölf, und der alte Riese verschwand. Hans tappte auf dunklen Treppen und durch düstere Hallen wieder zurück in sein Zimmer. Er stieg ins Bett und schlief ein.

Am nächsten Morgen kam der König. »Wie war es? Hast du das Gruseln gelernt?« fragte er.

»Letzte Nacht besuchte mich mein toter Vetter, und ein alter Riese zeigte mir im Keller einige Kisten voller Gold, aber das Gruseln habe ich immer noch nicht gelernt«, sagte Hans.

»Hab Dank. Drei Nächte sind um, du hast den bösen Zauber gebrochen und meine schöne Tochter befreit. Komm mit, ich will dich ihr vorstellen.«

Als Hans und die Prinzessin sich sahen, verliebten sie sich Hals über Kopf ineinander und wollten heiraten. Der König war einverstanden. Das Gold wurde aus dem Keller geholt und die Hochzeit mit großer Freude gefeiert.

Hans war glücklich, ein Prinz zu sein und eine so schöne Prinzessin zur Frau zu haben. Aber etwas fehlte ihm noch immer. »Wenn ich nur wüßte, was gruseln ist, dann wäre mein Glück vollkommen«, sagte er immer wieder.

E C
J. R.
H G

Die Prinzessin dachte darüber nach, wie sie ihrem Mann helfen könnte. Eines Nachmittags holte sie einen Eimer Wasser aus dem Bach, der durch den Schloßgarten floß. Das Wasser war voll kleiner Fische, die nun im Eimer hin und her schwammen.

In dieser Nacht, als Hans schlief, zog ihm die Prinzessin die Decke weg und schüttete den ganzen Eimer mit den kleinen silbrigen Fischen über ihn aus. Hans sprang auf. Als er die kleinen kalten Fische über seine Haut gleiten fühlte, jauchzte er vor Freude und rief: »Mir gruselt's, mir gruselt's. Ich hab endlich das Gruseln gelernt!«

Die sieben Schwaben

Es waren einmal sieben unternehmungslustige Schwaben. Sie zogen in die Welt hinaus und wollten große Taten vollbringen. Zu siebt trugen sie einen großen Speer, immer zum Angriff oder zur Verteidigung bereit. Nach einem Marsch von mehreren Tagen bot sich ihnen die erste Gelegenheit, ihre Tapferkeit zu beweisen. Mitten auf dem Feld sahen sie ein seltsames Geschöpf sitzen. Es blickte sie aus großen, weit aufgerissenen Augen an, die langen Ohren waren hoch aufgerichtet, um jeden Laut zu erhaschen.

Die Schwaben, die noch nie ein Kaninchen gesehen hatten, dachten, es sei ein Ungeheuer. Deshalb stellten sie sich in Kampfhaltung auf, ein jeder an seinem Platz. Dann aber verließ sie der Mut, und statt anzugreifen, jammerten sie:

HAB MITLEID MIT MIR!
LAUFT UM EUER LEBEN!
O MEIN GOTT!

ICH WILL ES NIE WIEDER TUN!
HILFE!
ICH ERGEBE MICH!

Nur der kleine Schwabe ganz am Ende des Speeres rückte weiter vor. Er hatte nämlich das Kaninchen gar nicht gesehen. Die anderen machten sich aus dem Staube, jeder versteckte sich, so gut er konnte. Auch das Kaninchen ergriff die Flucht. Als die Schwaben glaubten, daß die Gefahr vorüber wäre, kamen sie wieder aus ihren Verstecken herausgekrochen. Sie stellten sich wieder in einer Reihe auf, ergriffen ihren Speer und marschierten weiter, mutig und bereit, auch das nächste Abenteuer zu bestehen.

Bald kamen sie an einen breiten Fluß. Keine Brücke führte hinüber, und Boote waren auch nicht da. Am anderen Ufer arbeitete ein Mann.

»Wie können wir den Fluß überqueren?« riefen die Schwaben.

Der Mann konnte sie nicht verstehen und rief zurück: »was, was?«

Die Schwaben aber meinten, daß er ›waten, waten‹ gesagt hätte. Der Anführer an der Speerspitze stieg zuerst ins Wasser, die anderen folgten, jeder an seinem Platz. So marschierten sie schnurstracks in den Fluß – alle, bis auf einen. Der kleine Schwabe am Speerende hatte wie gewöhnlich nicht richtig aufgepaßt. Als die sechs tapferen Schwaben untergingen und der Kleine den Hut des Anführers flußabwärts treiben sah, merkte er, daß etwas schiefgegangen war. Und er ging nach Hause, um diese Geschichte zu erzählen.

Eric Carle, 1929 in den USA geboren, in Deutschland aufgewachsen, erhielt seine grafische Ausbildung an der Akademie der Bildenden Künste in Stuttgart. Heute lebt er in West Hawley, Mass., USA, und zählt zu den international bekanntesten Bilderbuchkünstlern.

Für dieses Buch hat Eric Carle sieben der schönsten Märchen aus der Sammlung der Brüder Grimm ausgewählt, behutsam abgewandelt und reich illustriert. Er hält es für außerordentlich wichtig, daß Volksmärchen auch heute noch lebendig bleiben, daß man sie trotz schriftlicher Überlieferung immer wieder neu erzählt, verändert, dem Sprachgebrauch der Zeit anpaßt. Nur so läßt sich ihr eigentlicher Gehalt bewahren, kann die in ihnen gesammelte Lebenserfahrung früherer Kulturen und Generationen weitergereicht werden.